Couvertures supérieure et inférieure
manquantes

LA VÉRITÉ

L'ŒUVRE DE STANISLAS

DIT LE BIENFAISANT

L'ŒUVRE

DE

STANISLAS

DIT

LE BIENFAISANT

PAR

LUCIEN HUMBERT

Architecte, Gradué en droit,
Membre de la Société d'archéologie lorraine, etc.

Édition revue et corrigée.

NANCY

IMPRIMERIE NOUVELLE, 15, RUE DE SERRE

1884

En manière de Préface.

L'archéologie est un auxiliaire précieux
de l'histoire et nous avons souvent témoi-
gné notre étonnement de voir cette vérité
quelque peu contestée par des personnes
instruites. Ce doute fâcheux ne vient-il pas
de ce que bon nombre d'archéologues se
bornent à être des collectionneurs de
documents, sans préoccupation de leur
utilité pratique.

Dans ces conditions, en effet, l'archéologie n'est qu'une vulgaire manie, et l'étude
de l'histoire elle-même serait sans profit
si l'on n'en tirait les enseignements utiles
qui y abondent.

Ces enseignements sont fort variés, les uns touchent aux arts et aux sciences, aux modifications de l'esprit humain par les progrès de la civilisation, les autres sont du domaine de la morale, de l'économie et même de la politique.

Les études historiques font l'expérience des peuples.

C'est en nous plaçant dans cet ordre d'idées que nous aimons les études archéologiques et que nous les pratiquons dans les courts loisirs que nous laissent nos travaux obligatoires.

La Société française d'Archéologie dont nous étions l'inspecteur départemental depuis de longues années, croit devoir penser autrement et imposer à ses inspecteurs des opinions sans doute chères à son bureau. Elle donne en cela un funeste exemple d'intolérance qu'avaient su éviter jusqu'à ce jour les réunions littéraires ou scientifiques.

Nous avions recueilli sur l'œuvre de Stanislas quelques notes au courant de la plume ; elles firent l'objet de plusieurs articles dans le journal *Le Petit Nancéien*, et nous comptions abandonner ce travail au sort habituel des journaux, qui vont au panier après lecture faite, parfois même avant.

La lettre suivante qui nous fut adressée par M. Léon Palustre, successeur d'Arcis de Caumont à la direction de la Société française d'Archéologie, et la réponse que nous fîmes à cette lettre, diront suffisamment au lecteur pourquoi nous nous sommes décidé à réunir en plaquette ces quelques recherches. Il nous a fallu pour cela revoir et corriger cette prose qui n'avait tout d'abord été destinée qu'au journalisme, nous en avons profité pour ajouter quelques notes.

Est-ce donc notre faute si la verité n'est pas à la gloire du roi de Pologne ? Faut-il supprimer de l'histoire la relation du siège et de la destruction de la forteresse de *Lamothe*, parce qu'elle est aussi glorieuse pour les Lorrains que peu flatteuse pour le roi de France et ses maréchaux ?

Il nous semble bon au contraire, que les hommes d'État sachent qu'alors même qu'ils auraient assez de puissance pour échapper à toute responsabilité de leur vivant, ils demeurent comptables de leurs actes devant l'impartiale histoire.

Lettre de M. Léon Palustre
à M. Lucien Humbert, architecte à Nancy

SOCIÉTÉ FRANÇAISE
D'ARCHÉOLOGIE
pour la conservation
DES MONUMENTS HISTORIQUES
—

DIRECTION

Tours, le 3 octobre 1884.

Monsieur,

J'ai l'honneur de vous annoncer que le conseil administratif de la Société française d'Archéologie vous a relevé des fonctions d'inspecteur de Meurthe-et-Moselle.

Cette mesure a été prise à la suite d'articles parus dans le *Petit Nancéien*, qui étaient de nature à compromettre la dignité dont vous étiez revêtu.

Veuillez, Monsieur, agréer l'assurance de mes sentiments distingués.

Léon PALUSTRE.

Réponse de M. Lucien Humbert à la lettre ci-dessus

Monsieur le directeur de la Société française pour la conservation des Monuments historiques.

Monsieur le Directeur,

Depuis plus de dix ans, la Société française pour la conservation des Monuments historiques, que vous présidez, m'a confié les fonctions d'inspecteur pour le département de Meurthe-et-Moselle. Je m'en suis acquitté sans passion, sans parti pris.

J'ai cherché à conserver l'intéressante église de Xivry-le-Franc, et n'ai pu qu'en fixer le souvenir par une monographie ; je n'ai pas dissimulé mon avis sur la désormais célèbre porte Saint-Georges, faisant alors, quoique à regret, campagne contre des amis ; aujourd'hui je lève le voile sur la légende du roi Stanislas.

Si pour être inspecteur de votre Société, il faut écrire l'histoire avec les procédés du Père Loriquet, je reconnais, Monsieur, mon indignité, et votre Conseil administratif, *dont j'ap-*

prends aujourd'hui seulement l'existence et les attributions, m'honore en me considérant comme incapable de ce métier.

Ma plume veut être absolument indépendante; je vous prie donc de me rayer de la liste des membres d'une Société qui ne supporte pas la liberté d'opinion de ses inspecteurs.

Agréez, Monsieur, l'expression de ma parfaite considération.

Lucien HUMBERT.

Le *Petit Nancéien* en insérant ces deux lettres les a fait suivre des réflexions, suivantes, que nous reproduisons parce qu'elles résument assez bien notre pensée sur cet incident, dont nous abandonnons le jugement au public :

• Jusques aujourd'hui, les Sociétés savantes laissant à chacun de leurs membres la responsabilité de leurs opinions personnelles, s'étaient tenues à l'écart des influences politiques ; la Société française (*établissement reconnu d'utilité publique*) croit devoir rompre avec les saines traditions, elle s'affirme comme un foyer de réaction ; on peut se demander si dans de telles conditions, le gouvernement républicain doit continuer son patronage à une Société d'études historiques qui ne tolère pas la vérité historique.

« La Société française prend parti pour le Roi de Pologne, contre M. Humbert, qui demeure de compagnie avec le spirituel et si justement apprécié baron Dumast. C'est là de quoi consoler l'auteur de « l'Œuvre de Stanislas, dit le Bienfaisant », des dédains de la Société française, qui a seule commis le manque de dignité qu'elle reproche à son Inspecteur.

« La lettre de M. Humbert est celle d'un homme de cœur qui est et veut demeurer indépendant. »

Peut-être le lecteur pensera-t-il que tout ceci eut été mieux placé en postface qu'en préface; qu'importe, pourvu qu'il lui reste la patience de lire les 46 pages qui suivent.

LA VÉRITÉ

SUR

L'ŒUVRE DE STANISLAS

DIT LE BIENFAISANT

I

A gloire vraie et respectable est celle que l'on doit uniquement à ses mérites, à ses talents, aux services rendus ; telle n'est pas cette notoriété orgueilleuse dont on est mis en possession officiellement par les actes de la plus déplorable courtisanerie, ou parfois même par des arguments métalliques dont le glorifié fait tous les frais, alors que la troupe des renards de cour passe en répétant avec le fabuliste : « Apprends que tout flatteur vit aux dépens de celui qui l'écoute. »

On est si peu habitué à entendre la vérité

désintéressée sur des jugements demeurés long-
temps sans appel, que je redoute pour mon lan-
gage si nouveau, qu'il ne paraisse à quelques-
uns d'une hardiesse immodérée.

Aussi, ai-je tenu à abriter ma responsabilité
en citant mes auteurs, et je préviens le lecteur
que ce que j'avance est puisé aux sources les
plus autorisées et dans des œuvres qui ont reçu
la consécration du temps et dont les maîtres ne
sont pas plus suspects d'hostilité à l'égard du
principe monarchique ou d'ancien régime en
général, qu'au Roy de Pologne en particulier.

Ce que je vais dire, n'implique pas que les
œuvres de Stanislas ne soient presque toutes
excellentes et que la plupart de ses créations
monumentales ne fassent le plus grand honneur
au bon goût et au talent de leurs auteurs.

— Pourquoi tout ce préambule ?

— C'est que j'ai l'audace de porter une plume,
que quelques-uns trouveront peut-être sacrilége
sur la réputation de générosité qu'a su usurper
le héros d'argile, que mes concitoyens ont coulé
en bronze devant l'Hôtel de Ville de Nancy.

II

rop souvent, la louange a été
« consacrée dans notre Lor-
« raine, à célébrer exclusive-
« ment la bienfaisance du
« monarque appelé par la
« France à régner sur nos der-
« niers aïeux.

« S'il nous faut reconnaître
« que notre pays doit beaucoup
« à Stanislas, que notre cité a
« été embellie par sa munifi-
« cence, (?) n'oublions pas que
« les descendants de Gérard
« d'Alsace ont fait aussi de
« grandes choses pour nous,
« pour notre ville, dont ils ont
« jeté les fondements au XII° puis au
« XVI° siècle.

« Parmi les monuments dont ils ont orné
« Nancy, plusieurs sont certes encore, visibles
« à l'œil de celui qui connaît nos annales,
« quelques-uns ont disparu, frappés par le
« temps, *mais le plus grand nombre est*
« *tombé, parce qu'on voulait, sans doute,*
« *détruire avec eux, le souvenir de notre*
« *antique existence nationale.* » . . . . .

. . . .

« Quand il fut décidé enfin, que la Lorraine
« était devenue une province française, le
« *monarque à qui le gouvernement en fut*
« *confié, et les français,* qu'il appela à son
« conseil, *prirent à tâche de détruire* tout ce
« qui rappelait la pensée des anciens princes
« lorrains. »

« Parmi les monuments qu'a *détruits* à
« Nancy, le *Roy de Pologne,* les anciens souve-
« nirs et les arts regrettent particulièrement
« l'Eglise collégiale de Saint-Georges (1), la Cha-
« pelle des Bourguignons, et les *superbes*
« *Palais construits à Nancy* et à la Mal-

1. Nous devons à la vérité de dire que la collégiale
avait été déjà entamée par Boffrand pour l'implanta-
tion du nouveau palais ducal dont il avait été chargé.

« grange par Léopold, sur les dessins de l'ar-
« chitecte Boffrand.

« Évidemment, toutes ces destructions, de la
« part d'un prince aussi éclairé que l'était
« Stanislas, avaient un but politique, lequel
« n'a pu être autre que l'anéantissement des
« souvenirs de la nationalité lorraine. »

Vous vous demandez de quel affreux déma-
gogue est ceci, et à quelle époque révolution-
naire ont pu être prononcées des paroles aussi
irrévérencieuses pour un grand monarque. Ne
cherchez pas.

Au 15 novembre 1840, les voûtes de l'église
des Cordeliers retentissaient de ces dures vérités, proclamées par M. le curé Marchal, en présence d'une noble assistance.

P. Guerrier Dumast qui, comme l'abbé Marchal, fut un lotharingophile éclairé, qu'on ne
saurait prendre pour systématique ennemi des
souverains, nous apprend, qu'après que les
Nancéiens eurent rendu à Charles-Quint les
restes de son aïeul le Téméraire, « le tombeau
« vide subsista chargé de glorieuses inscrip-
« tions, jusques à l'époque ou *des mains trop*
« *vantées*, s'attachèrent sous mille prétextes,

« à détruire un à un tous les souvenirs patrio-
« tiques de la Lorraine. »

Et à propos de ce mausolée et de ses inscrip-
tions :

« De tout cela, il ne reste pas trace. Ni la
« majesté de l'événement, ni la noblesse de la
« poésie, ne firent obtenir grâce au moindre
« débris de ce mausolée, devant *les calculs*
« *d'une peur royale, qui s'effarouchait des*
« *gloires antiques.* Tant de *petitesse,* tant de
« *vandalisme,* ne parît pas chose croyable,
« de la part d'un souverain, et d'un souverain
« honnête homme, mais l'impartial burin
« de l'histoire ne saurait altérer la vérité.
« Lorsque *Stanislas fit abattre Saint-Georges,*
« rien de ce sanctuaire n'échappa à son mar-
« teau. . . . .

. . . .

« Il lui fallut démolir la grande et belle
« façade du nouveau Palais ducal, œuvre de
« Boffrand, commencée sur l'emplacement du
« Palais actuel qu'occupaient sous le second
« empire les maréchaux gouverneurs, au fond
« de la Carrière, mais un tel scrupule ne pouvait
« l'arrêter; au contraire, car *Stanislas n'aimait*
« *pas moins à renverser qu'à construire.*

« En peu d'années, l'antique collégiale de
« Raoul, le noble Hôtel de Ville de Charles III,
« les perrons du jardin de Henry et leurs impo-
« santes statues, la Malgrange de Léopold,
« l'admirable salle d'Opéra du Bibiane, dont
« les machines étaient sans égales dans leur
« temps......, tout cela périt, sous les coups
« d'un *vandalisme doucereux*. . . . . .

« Mieux conseillé, il eut pu tout à la fois
« *conserver et fonder*. A ce rôle plus intelli-
« gent, il eut mérité plus de gloire. . . . .

« Il crut atteindre son but en devenant *le
« plus grand destructeur connu*. . . . .

« Il fit encore démolir une partie d'Einville-
« au-Jard, les châteaux d'Ancerville, de Gon-
« dreville, de Ligny, le Palais ducal, l'église de
« Lunéville, le château souverain de Bar. . . .

. . . .

« *La plupart des constructions de Stanislas
« ne sont que des palimpsestes* ; et il en est de
« même de plusieurs de ses fondations, qui ne
« sont que des *constitutions nouvelles don-
« nées à son nom*, à des établissements
« anciens (1). »

1. P. G. Dumast : *Nancy, histoire et tableau.*

Les majestueuses statues des jardins du duc Henri, l'église collégiale de Saint-Georges et les autres parties détruites du Palais ducal figurent dans la perspective de *de Ruet*, qui nous montre que ce qui est perdu valait bien ce qu'on nous a donné en échange.

Les statues furent lors de la démolition du Palais de Boffrand, brisées à coups de pics et employées comme mœllons dans la construction de l'édifice qui fait aujourd'hui le fond de la Carrière.

Le vrai peut quelquefois n'être pas vraisemblable.

« Il est certain, dit encore M. Dumast, *que le bon monarque avait en fait d'art, un très pauvre goût*, comme il l'a prouvé surtout à Chambord, délicieux château, qu'il a pitoyablement gâté, lorsqu'il l'habitait, en n'hésitant pas, pour se débarrasser de la peine d'entretenir les fossés, à le faire enterrer d'un étage, rendant ainsi vulgaire, épais et presque monstrueux par défaut de proportions, un chef-d'œuvre d'élégance architecturale. . . . .

« Évidemment, il cherchait aussi *à ne rien laisser subsister de beau, dans ses duchés,*

« *qui fut antérieur à son règne ou à celui*
« *de son gendre.* . . . .

« *Détruire, détruire, toujours détruire, tel*
« *est le système qu'avait adopté Stanislas en*
« *Lorraine.* »

« Sous le règne de Stanislas, dit M. Bégin,
« les monuments lorrains commencèrent à
« disparaître. Le superbe palais de la Mal-
« grange de Boffrand fut rasé, ses matériaux
« servirent à construire l'église de Bon-Secours.
« Le somptueux palais construit par Léopold
« et François III à l'extrémité de la Carrière,
« eut le même sort ; l'église Saint-Georges,
« édifice admirable, d'une structure élégante,
« dont on a conservé quelques dessins, n'eut
« pas un sort plus heureux, et bientôt le *mar-*
« *teau du mauvais goût*, eut fait disparaître
« cette pompe architecturale du moyen âge,
« dont il ne reste à Nancy aucun vestige. »

III

EU M. Noel, notaire honoraire à Nancy et collectionneur érudit, a flétri plus énergiquement encore, le Roi, courtisan de son gendre (1).

Selon lui, ce souverain n'est digne d'éloges à aucun égard, il soutient que, comme Polonais ou comme Lorrain, il fut un aussi pauvre homme, n'ayant pas su respecter les lois de sa propre patrie, et faire respecter les droits de ses sujets adoptifs.

Dans son indignation contre tant de *charlatanisme*, il le prend à partie :

« Après les incendies qui eurent lieu à Saint-

1. M. Noël était, dit-on, Léopoldiste, tandis que l'abbé Marchal était essentiellement Lorrain.

« Dié en 1757, on augmenta de *cent mille*
« *livres* l'impôt général pour venir au secours
« de cette ville ; et *quoique l'argent fut entré*
« *dans les caisses dès 1758, on ne* le délivra
« qu'en 3 ans, encore ce fut *à condition de*
« *faire bâtir* une rue, une place, une église,
« *sous le nom de Stanislas.*

« Les bois de construction furent pris aux
« forêts de la ville, ou, en cas d'insuffisance,
« dans celles des communes voisines ; si l'on
« en voulait des forêts de S. M., *il fallait les*
« *payer* au prix d'estimation.

« — Où est ici le bienfaiteur ?

« Certes, ce n'est pas Stanislas, lequel ne
« donne rien, et seulement *ordonne aux autres*
« *de donner.* »

Voici, du reste, un extrait de l'arrêt du conseil royal de finances du 27 octobre 1757, relatif
aux mesures à prendre à la suite des incendies
des 27 juillet et 6 septembre 1757.

« Sa Majesté, en son conseil, a ordonné et
« ordonne......il sera payé sur ses ordonnances
« par ses receveurs généraux des finances,
« chacun dans son exercice, *en 3 années*, la
« somme de cent mille livres de francs, savoir :
« en 1758, 30 mille livres ; en 1759, 30 mille

« livres et en 1760, quarante mille livres, pour
« être employées en construction d'édifices nou-
« veaux, en acquisitions et remboursement des
« terrains de *maisons supprimées sur le nou-*
« *veau plan*, et au rétablissement de celles et
« autres bâtiments détruits par le feu, lesdits
« jours 27 juillet et 6 septembre derniers, à
« charge par les propriétaires de suivre dans
« leurs constructions ou reconstructions, *l'ali-*
« *gnement marqué* par ladite carte topogra-
« phique, qui sera annexée à la minute du
« présent arrêt, *d'élever les façades de leurs*
« *bâtiments*, sur les places et rues principales,
« *dans l'espace de 3 années, avec un étage*
« *au moins* au-dessus du rez-de-chaussée,
« réglé chacun à 10 pieds de France, de hau-
« teur.

. . . .

« Seront à l'avenir toutes les maisons ou
« autres bâtiments à construire et reconstruire
« dans ladite ville et ses faubourgs *couverts en*
« *ardoises ou tuiles*, et pour plus grande com-
« modité aux dits habitants, ordonne, Sa Ma-
« jesté, qu'il sera ouvert une *porte neuve*
« *nommée Saint-Stanislas*, à l'endroit mar-
« qué A en ladite carte topographique, et une

« *rue portant aussi* le même nom allant de
« ladite porte à la *Grand'Rue qui sera doré-*
« *navant appelée Royale,* et construit au
« dehors un embranchement de chaussée,
« jusques à la rencontre de l'ancienne ; que le
« terrain marqué B dans la carte, sera réservé
« pour y former une *place aussi dite Saint-*
« *Stanislas*, et de plus, *aux frais de qui doit*
« *y contribuer une église paroissiale sous*
« *l'invocation du même Saint-Stanislas ,*
« maison de cure et cimetière.

« Qu'il sera en outre formé *une autre place*
« *dite Royale,* à la tête de la rue du même
« nom, du côté de l'église collégiale, *suivant*
« *les dimensions* tracées dans ladite carte au
« point marqué C, *et les élévations dont le*
« *dessin sera aussi annexé* à la minute du
« présent arrêt.

« Et seront, tous les propriétaires des mai-
« sons et bâtiments, compris dans le carré de
« ladite place, *tenus de se conformer aux dites*
« *dimensions et plan d'élévation,* dans les
« constructions et reconstructions qu'ils auront à
« faire, des façades de leurs dites maisons et bâti-
« ments, *pour* prévenir d'autant le même acci-
« dent. »

N'est ce pas l'occasion de faire remarquer ici que Stanislas avait la manie de l'uniformité, il semble même avoir voulu l'imposer contre toutes les règles de l'art et du bon goût, à ses architectes.

Des arrêts furent rendus prescrivant l'uniformité des bâtiments des places Mengin et du Marché; le type existe même encore, c'est la maison de M. Tonnellier, marchand d'étoffes, à droite du marché couvert (1).

Il devait en être de même de la place Saint-Epvre, et le type à suivre était la maison à arcades faisant l'angle de la rue de la Cour.

Si ces ridicules projets n'ont eu qu'un commencement d'exécution, c'est uniquement parce que les moyens firent défaut à Stanislas.

On voit, par les extraits qui précèdent, que la principale préoccupation du conseil royal dans son arrêt, est surtout de voir reconstruire un quartier convenable et à l'abri de tout nouveau risque d'incendie.

La *régularité obligatoire*, qui déjà ne pourrait être invoquée que pour la place Royale,

1. Cette maison porte actuellement le n° 10, son rez-de-chaussée a été seul modifié.

paraît être accessoire, et le plan de façade
annexé représente le type minimum des exigences du conseil.

Quant à S. M. Bienfaisante, elle songe surtout
à perpétuer son nom et son souvenir, elle eut
mérité le surnom de *Modeste*, au même titre
que celui de bienfaisant.

Faisons encore un extrait du même arrêt :

« Et sera ladite somme de cent mille livres
« employée en remboursements et acquisitions
« de terrains pour les nouvelles constructions
« jugées nécessaires et utiles, et en répartition
« aux propriétaires pour les aider au rétablisse-
« ment de leurs maisons, pour lequel, *il leur*
« *sera en outre délivré le bois nécessaire,*
« jusques aux planchers inclusivement, des
« rez-de-chaussées, *dans la forêt domaniale*
« *de ladite ville*, et par supplément, *dans*
« *celles des communes voisines, à charge de*
« *réciprocité en pareil cas*, et pour les étages
« au-dessus du rez-de-chaussée, *il sera marqué*
« *des arbres en suffisance dans les forêts de*
« S. M., EN EN PAYANT LE PRIX, *suivant l'esti-*
« *mation qui en sera réglée*, et lesdites
« marques et délivrances, tant dans les bois
« du domaine qu'autres, seront faites gratis

« par les officiers des maîtrises de S. M., et les
« voitures desdits bois et matériaux nécessaires
« auxdites constructions et reconstructions,
« *seront faites à corvées*, par les commu-
« nautés du baillage et autres voisines, s'il est
« jugé nécessaire. »

Marchez, manants et paysans vosgiens,
payez contribuables lorrains, le Bienfaisant (!)
l'ordonne.

Vous conduirez par corvées, vos bois et les
siens aux malheureux incendiés, auxquels il
fait, *moyennant finance*, l'aumône toute royale
de quelques sapins.

Et vous, officiers des maîtrises royales, ne
regardez pas à quelques jours de peine pour
une œuvre charitable, à la gloire et au profit
de votre maître, *car ainsy lui plaît.*

IV

TANISLAS fût-il comme homme, ce qu'il n'était pas comme souverain ?

Que dit Guerrier Dumast ?

« Stanislas a introduit et « planté ici la tige de l'arbre de « l'ingratitude inconnue avant « lui en Lorraine. »

En effet, on ne saurait trop stigmatiser la conduite de ce prince à l'égard de ses prédécesseurs, desquels il avait cependant reçu un si généreux accueil à Lunéville lorsque errant et proscrit, sa tête était mise à prix par son heureux compétiteur polonais.

« Au touchant service mortuaire de la der-

« nière duchesse de Lorraine......, Stanislas,
« présent en Lorraine, ne daigna pas même
« assister.

« Le fait est caractéristique, il donne la
« mesure de l'homme.

Mais que dirai-je ?

Si vous voulez être fixé, lisez les écrits de
Dumast et de M. Noel.

V

OULEZ-VOUS maintenant le secret de la générosité du monarque polonais, en même temps qu'une idée des bénédictions que lui donnait son peuple, cette partie saine et éprouvée de la population, celle qui payait mais ne profitait pas.

En 1752, les 2 chambres des comptes firent des remontrances au Roy sur l'augmentation des impositions ordinaires.

En 1756, il y eut de nouvelles remontrances, arrêtées le 13 février, présentées le 12 mars, répondues le 20. Un arrêt du conseil du 10 avril cassa celui de la cour souveraine du 8 mars.

Le 29 avril, *M. Toustain de Viray fut exilé à sa terre d'Afféville.* La cour souveraine fit un arrêté le 21 ; le 25, M. du Rouvrois apporta des remontrances au Roy de Pologne ; le 27, elles furent relues devant S. M au conseil assemblé après midi devant MM. du Rouvrois et Sallet et répondues de vive voix par M. le Chancelier.

En 1757, le 27 octobre, un arrêt du conseil des finances ordonne le rétablissement de la ville de Saint-Dié, incendiée le 27 juillet et le 6 septembre, *et une imposition de cent mille livres.*

L'édit donné au mois de septembre, ordonne la levée d'un second vingtième et de 4 sous pour livre du premier.

La cour souveraine fit des remontrances, l'édit n'y fut pas vérifié dans la forme ordinaire, mais il fut le 30 avril 1758 transcrit à Lunéville sur ses registres par le greffier, en présence du Roy de Pologne. *Il y eut des exils,* etc. (1).

On avait envoyé le 13 novembre 1700 aux

---

1. Chateaufort eut l'honneur d'être au nombre des exilés.

procureurs généraux des cours souveraines, un édit pour l'imposition d'un 3e vingtième. Il y eut des remontrances. (Durival).

Le bienfaisant souverain ne faisait donc pas le bonheur absolu de son peuple, et les exils comme les remontrances, prouvent qu'il n'aimait pas les observations.

Il y aurait eu sans doute beaucoup d'opposition, si le président Thibaut (1), le regard toujours fixé sur le soleil levant, le même que Léopold à court d'argent, venait d'anoblir, et en faveur de qui Stanislas devait ériger en fief la terre de Monbois (2), avait provoqué un plébiscite pour décerner au Polonais le qualificatif de *Bienfaisant* (3).

1. Léopold Thibaut de Monbois, dernier descendant du célèbre procureur Thibaut, est sorti récemment de Saint-Maixent pour entrer comme officier dans un régiment français. Son père, le capitaine de Monbois, ancien soldat du premier empire, était né dans les prisons de Nancy pendant la Révolution et avait eu les pieds gelés à la retraite de Moscou.

2. Monbois est une jolie campagne sise à Nancy au faubourg de Boudonville, elle appartient aujourd'hui à la famille Boppe.

3. C'est en 1751 que Thibaut a platement gratifié Stanislas du titre de *Bienfaisant*; c'est ensuite que la terre de Monbois fut érigée en fief.

VI

NTOINE Martin de Chaumont de
la Galaizière, homme disposé à
la violence et aux abus de pouvoir, fut le chancelier de Stanislas, son garde des sceaux, et
intendant de ses Etats.

Le duc de Lorraine ne choisit
pas son surintendant, il lui fut
imposé par le roi de France.

Grâce aux procédés adminis-
tratifs de cet ennemi du peuple,
la misère devint si grande, que
beaucoup de pauvres gens son-
gèrent à émigrer en masse, mais
le chancelier fit garder la fron-
tière et menaça les émigrants de
la pendaison.

L'usage des Corvées dont il tira souvent

bénéfice, est un fait indigne que n'ont point relevé les historiens, mais qu'un littérateur indépendant, *Saint-Lambert*, a flétri comme il convenait, dans son *Poëme des saisons*.

M. Bégin ajoute, aux reproches qu'il a eu, l'occasion d'adresser à Stanislas, celui d'avoir *favorisé par des libéralités infinies*, l'établissement des Jésuites en Lorraine (1); d'avoir subordonné ses mesures administratives aux exigences de la noblesse et du clergé; de s'être laissé circonvenir par ce La Galaizière, objet de la haine universelle, qui rendit au dix-huitième siècle, le peuple lorrain taillable et corvéable à merci.

Nous savons déjà comment le bon Roy accueillit M. Toustain de Viray; en 1758, il fit mieux et pensa vaincre les résistances de la Cour qui continuait à l'admonester, en repoussant toute explication et *condamnant à l'exil* onze de ses membres.

1. Ce n'est pas Stanislas qui a établi les Jésuites en Lorraine, mais il s'en est institué le protecteur à une époque où la France les proscrivait. C'est que Leczinsky en avait peur, surveillé qu'il était en quelque sorte par ceux qui l'entouraient en assez grand nombre.

La Galaizière reprochait au Parlement son *républicanisme*.

Malgré l'affirmation de Durival, les auteurs sont généralement d'accord sur ce point, que Stanislas ne fut point universellement regretté comme l'avait été Léopold.

VII

x nancéiste laborieux et patient, M. Ch. Courbe, établit que Leckzinsky demeure après 29 ans de règne, débiteur personnel de son peuple, pour une somme considérable.

M. Courbe a bien voulu nous confier les notes de son travail absolument inédit, et nous autoriser à en disposer, nous sommes heureux de cette collaboration et nous l'en remercions.

Voici ce que les chiffres donnés par Stanislas lui-même nous ont enseigné.

Lors de la cession des duchés de Lorraine et de Bar à la France, les impositions des deux

provinces s'élevaient, en 1737, au chiffre annuel
de 1,915,620 livres, cours de Lorraine, soit
1,445,050 francs 09 centimes, la livre de Lorraine valant 0 fr. 764,635 de notre monnaie.
En 1739, les impositions furent élevées à
2,480,347 livres dix-sept sols 4 deniers ; en
1740, à 2,517,730 livres 11 sols et 2 deniers ; en
1741, on les augmenta de 50,000 livres, cours
de France ; en 1742, elles atteignaient 2,684,648
livres 11 sols 7 deniers; en 1748, 3,790,971 livres
3 sols 10 deniers ; enfin, en 1766, elles avaient
progressé jusques à 9,282,633 livres 6 sols 8 deniers (Durival).

Cette dernière cote représente au cours de
France ou en notre monnaie actuelle la somme
énorme pour le temps, de 7,186,553 livres 19 sols
4 deniers, sur laquelle on prélevait pour les
dépenses annuelles 1,647,705 livres 9 sols 11 deniers ; soit un boni de 5,538,848 livres 9 sols
5 deniers.

L'augmentation des impositions de 1737 à
1766 a été de 7,267,013 livres, cours de Lorraine,
pour une étendue de terrain qui n'égalait pas
le département de la Meurthe, en défalquant les
biens domaniaux, seigneuriaux, ecclésiastiques
et autres exempts de la subvention, comme

aussi certaines villes, Nancy, Lunéville, Ein-
ville, etc., non soumises a l'imposition.

Les feux contribuables étaient au nombre de
125,768.

On peut estimer hardiment l'excédent des
recettes à environ 12,000,000 de francs, sur
lesquels Stanislas a sacrifié pour ses libéralités
la somme de 8,518,223 francs 40 centimes ; sa
philantropie lui laissait donc encore un bénéfice net de 3,481,776 francs 60 centimes.

On objectera que l'excédent des impositions
annuelles, entrait dans le trésor de France ;
c'est vrai ; toutefois, il est bon de faire remarquer, qu'il n'y a rien de surhumain de prélever
8 millions et demi sur 12 millions de bénéfices.
Ce sont là des largesses, relativement communes chez beaucoup de gens possédant un fort
revenu.

Prenons la question sous un autre point de
vue.

On nous dit que Stanislas a dépensé en bienfaits, de ses propres deniers, la somme de
8,518,223 francs 40 centimes, pour doter Nancy
et la Lorraine de toutes sortes de fondations
utiles.

Il faut cependant de cette somme distraire les suivantes :

100,000 fr. destinés aux pauvres de Paris ; 420,000 fr. pour des missions faites ou à faire en Pologne ; 2,000 fr. aux théatins de Paris ; soit 522,000 fr. qui n'ont en rien profité à la Lorraine.

A cette somme, il faut ajouter 50,000 fr. payés par la ville de Nancy pour subvenir à l'édification de l'Hôtel de Ville actuel ; 36,829 fr. 60 c. pour vente de matériaux provenant de l'ancien Hôtel de Ville, que certains auteurs n'hésitent pas préférer à celui élevé par Stanislas ; et 32,423 fr. 75 c. pour vente de plomb, étain et zinc ; soit ensemble 621,253 fr. 35 c.

Par conséquent, les bienfaits de Stanislas se trouvent réduits à 7,876,870 fr. 05 c. pour la Lorraine.

Aux termes de l'acte de cession, Stanislas devait toucher de la France une pension annuelle de 1,500,000 fr., laquelle devait s'élever à 2,000,000 de francs, aussitôt après le décès du grand-duc de Toscane régnant ; celui-ci mourut le 6 juillet 1737 et Stanislas entra en possession de la pension la plus élevée.

Il a régné à peu près 29 ans.

Sa pension lui a rapporté un chiffre total de 57,500,000 à 58,000,000 de francs.

En outre, il touchait encore en 1766, pour la rente de l'argent qu'il avait déposé au trésor de France, un revenu de 74,437 fr. soit pendant 29 ans, un chiffre total de 2,158,673 fr.

Stanislas aurait donc perçu de la France la somme de 60,158,673 fr.; ses bienfaits s'étant élevés à 8,518,223 fr. 40 c., il restait encore à la tête de 51,640,449 fr. 60 c. pour subvenir aux dépenses de sa cour.

Si l'on divise 60,158,173 fr. par 8,518,223 fr. 40 c., on trouvera que cette dernière somme représente le septième des revenus du Roy.

Divisons maintenant 8,518,223 fr. 40 c. par 29 années de règne, nous obtenons pour moyenne de dépenses 293,731 fr. 84 c., alors que Stanislas touchait pour le moins 2,074,437 livres ou francs, cours de France.

Si nous maintenons le chiffre de 8,548,223 fr. 40 c., en opérant sur 2,000,000 de revenu seulement, le taux de ses bienfaits a été de 14,68 0/0.

En réduisant ce chiffre à 8,393,870 fr. 05 c., le taux descend à 13,96 0/0.

Et enfin si nous déduisons encore 522,000 fr.

dont l'emploi est étranger à la Lorraine, c'est avec 13,09 0/0 que Stanislas a acquis le glorieux titre de Bienfaisant.

Nous avons vu plus haut que la ville lui avait fait don : 1° en espèces sonnantes ayant cours ; 2° en vieux matériaux provenant de l'Hôtel de Ville de Charles III ; et 3° en plomb, zinc et étain ; de la somme de 119,353 fr. 35, sur laquelle S. M. polonaise a bien voulu lui restituer en 2 fois au moment de sa mort, celle de 70,000 fr., ce qui donne une différence de 49,353 fr. 35, dont la ville de Nancy demeure créancière.

Le droit de joyeux avènement n'influe pas beaucoup sur les chiffres donnés plus haut.

C'est au lecteur maintenant qu'il appartient de résoudre la question posée, par les chiffres qui précèdent et par ceux-ci qui résument la situation.

Le Bienfaisant a recueilli :

1° Droit de joyeux avènement. . .	471,103 fr. 10
2° Subvention de la ville de Nancy	119,353 » 35
3° Ses revenus cumulés.	60,158,673 » »
Total.	60.752,131 » 45

| | *Report.* . . . . | 60,752,131 » 45 |

Ses générosités se sont élevées pour
   la Lorraine à. .   7,996,223 fr. 40
Pour les pauvres
   de Paris, sa poli-
   tique polonaise   8,518,223 » 40
   et les religieux
   théatins à. . . .   522,000 » 00

52,223,911 » 03

Il lui restait donc encore pour vivre royale-
ment pendant 29 ans, une moyenne annuelle
de 1,800,823 fr. 82 c.

Nous ne faisons pas entrer ici en ligne de
compte la main-d'œuvre fournie par les cor-
véables ; nous atteindrions alors des sommes
considérables en dépenses purement fictives et
dont Stanislas deviendrait notre débiteur.

Il nous a suffi de consulter les quatre ouvrages
suivants, pour détruire dans notre esprit la
renommée usurpée de Stanislas.

1º Le recueil de ses fondations ; 2º le mémoire nº 5 de M. Noel, publié en 1840 ;
3º l'ancien régime dans la province de Lorraine et Barrois, récemment publié par l'abbé
Mathieu ; 4º les Archives de Nancy, de M.
Henri Lepage.

Avec ces 8 volumes, il y a de quoi démolir

de fond en comble, la statue du Roy de Pologne.

Dieu nous garde de commettre une telle action.

— Ici s'arrêtent les intéressantes recherches de M. Courbe.

VIII

TANISLAS souffrait des exactions du Chancelier, il déplora les augmentations de charges de son peuple et s'opposa dans la mesure de sa puissance aux exils ; mais le pauvre monarque touchait de la France une pension annuelle de 2 millions de livres pour régner sans gouverner et contresigner les actes du surintendant francophile.

Il avait accepté ce métier, son indépendance était aliénée ; il endosse la responsalité des turpitudes de la Galaizière et c'est justice.

D'excellents esprits affirment que Stanislas

était un honnête et excellent homme, et qu'il se fut montré tel, sans ce diable de chancelier; je le veux croire, mais cet argent qu'il touchait à charge d'accepter la paternité officielle d'actes honteux devait lui brûler les doigts.

Stanislas était autoritaire dit-on, mais point tyran.

Dégouté enfin de son impuissance et voulant satisfaire sa vanité et préparer sa mémoire, il se livra à la monomanie des constructions.

L'histoire de Saint Dié nous édifie sur ses moyens de réalisation.

Nous savons aussi comment il paya l'Hôtel-de-Ville de Nancy.

La création de la caserne Sainte-Catherine n'est pas moins curieuse.

Une bonne pensée inspira le souverain, soucieux d'épargner aux habitants de la ville, la charge si lourde du logement des hommes de guerre, il décida alors la construction d'une Caserne qu'il eut l'idée bizarre de dédier à Catherine Opalinska son épouse légitime. Il fournit le terrain et quelques subsides mais ce fut en fin de compte la ville qui s'endetta pour payer la dépense presque totale. Stanislas affectionnait cette bizarre façon de donner.

Bien des travaux municipaux urgents tels que les prolongements des rues Saint-Georges et des Tiercelins et le canal de dérivation des hautes eaux de la Meurthe, projetés déjà, furent retardés de ce fait.

IX

ous n'avons pu résister au désir entraînant de rétablir, dans ses proportions vraies, la gloire de ce Roy-Courtisan.

N'est-il pas regrettable, en effet, de voir s'élever orgueilleusement dans la vieille capitale lorraine, la statue de ce gros homme, qui a satisfait à nos frais sa maladie du mœllon, tandis que *Claude Gelée*, le grand peintre de Chamagne, Granville, le gracieux et spirituel caricaturiste, et *tutti quanti*, ont tant de mal d'obtenir le moindre souvenir.

— Mais nos plus beaux monuments datent de Stanislas.

« — Oui, ils datent de Stanislas, parce qu'il a osé, *Erostrate moderne*, détruire ce qui lui était antérieur, mais quoiqu'il en soit, la gloire de tous ces chefs-d'œuvres, appartiendra à Boffrand d'abord, puis à Héré et Mique; car on peut dire que Héré ne fut que le continuateur et l'imitateur de Boffrand.

C'est, en effet, ce dernier qui fut l'auteur de l'hôtel de Beauveau-Craon (aujourd'hui cour d'appel) et son magnifique palais du fond de la Carrière, aujourd'hui détruit, servit de modèle à l'Hôtel de Ville; toutefois, ce palais de Boffrand, plus riche et plus vaste était orné de colonnades du meilleur effet, il avait en outre l'avantage de ménager la si fameuse tour et les statues et perrons qui rendaient vraiment admirables les jardins du Palais ducal.

X

N jeune artiste de talent fut chargé de la statue de Stanislas, il nous a donné simplement une œuvre à peine supportable, non un chef-d'œuvre.

Ici encore, comme trop souvent, il ne faut pas juger l'artiste, uniquement d'après son travail.

Le sculpteur Jaquot, ex-pensionnaire de l'Académie de France à Rome, soumit à la municipalité de Nancy une maquette dans laquelle le Roy de Pologne, plutôt gros que mince, était figuré à l'âge de toute sa force physique et intellectuelle ; mais bon nombre des membres de la délégation municipale objectèrent que Stanislas étant obése, il fallait le représenter tel ; l'artiste eut beau s'en défendre, disant que le monarque n'était point né avec un si gros ventre et qu'il convenait mieux de le représenter avant le moment où il fut atteint de cette infirmité, il fallut se soumettre.

Les Nancéiens voulurent (serait-ce une vengeance tardive ?), que la postérité reconnut surtout le Roy gourmand, bien connu pour les appétits de son estomac et les faiblesses de son cœur.

Croyez-vous qu'un concours sérieux jugé par des connaisseurs, n'eut pas valu autant ?

Callot, aussi grand patriote qu'artiste de mérite, n'avait pas encore de monument, alors que, à l'encontre des sentiments de tout un peuple indigné, le royal polonais qui reconnut si mal l'hospitalité lorraine, élevait dans sa capitale, statue et arc-de-triomphe, à son gendre, l'amant éhonté de la Chateauroux et de ses sœurs, et trouvait assez de courtisans pour le glorifier avant son tour (1).

1. Le projet d'élever une statue à Stanislas jaillit en 1831 du cerveau de M. Blau, inspecteur d'académie

XI

E fils du trop célèbre marquis de la Galaizière, devenu à son tour Intendant de Lorraine, protégé de Stanislas, dit avec ses contemporains que les fondations du Roy étaient utiles mais presque toutes manquées.

Solignac, son secrétaire, ajoute que Stanislas, fort superstitieux, voyait des farfadets partout et a fort mal combiné ses bienfaits.

Nous pouvons dire à notre tour, qu'il lui est dû de la reconnaissance pour les réformes apportées par lui à beaucoup de fondations qui n'atteignaient plus leur but : mais nous lui reprochons à bon droit d'avoir

à Nancy, homme d'une grande souplesse en politique, qui, après avoir vécu de la République et de l'Empire, devint membre de la société royale légitimiste sous la Restauration. Ce monument fut donc surtout le prétexte d'une manifestation politique ; Stanislas n'était-il pas le bisaïeul du roi Charles X.

partout et toujours cherché à supprimer le souvenir des fondateurs primitifs pour le remplacer par celui du trop vaniteux réformateur.

Tout dépourvu qu'il était de goût artistique, Stanislas a encouragé les arts et les sciences, mais n'en a pas moins laissé mourir bien pauvres quelques-uns des artistes dont le mérite a fait briller son règne; c'est là un malheur que ne peuvent compenser ses largesses à l'égard de quelques autres.

La simplicité du monarque, l'intérêt de tous ceux que ses fondations et constructions faisaient vivre, les exemptions de charges et d'impôts accordées aux habitants de plusieurs localités qu'il avait comblées de ses prétendues libéralités, ont fait sa popularité.

Il faut aussi ajouter à ces causes, l'influence d'une Cour toute royale donnant à vivre à un nombreux personnel de fonctionnaires et de valets que la mort du Maître laissait privés de leurs petits profits.

Il a voulu immortaliser son nom en Lorraine, mais s'il a détruit beaucoup de ce qu'avaient fait ses prédécesseurs, ses créations ne furent pas épargnées à leur tour ; La Galaizière fils et le Maréchal de Stainville, au nom du Roy

HOMMAGE

DE CET ÉCRIT,

A SON ALTESSE SÉRÉNISSIME,

MONSEIGNEUR

LE DUC D'ORLÉANS.

MONSEIGNEUR,

Permettez que je vous présente les droits d'un pays, qui a le bonheur de vous compter au rang de ses propriétaires. A ce titre seul, je vous devrais l'hommage de cet Écrit. Mais il vous est dû plus légitimement encore pour tout le bien que vous ne cessez de faire. Il ne suffisoit pas à votre infatigable bienfaisance de prodiguer vos trésors à l'infortune ; il ne vous suffisoit pas d'aider des milliers de malheureux à supporter les désastreux orages qui, à l'instant des récoltes, ont désolé nos campagnes, et l'inclémence

d'un des plus terribles hivers qui aient
accablé l'Europe ; ● vous venez de
prouver que les sacrifices de l'or-
gueil ne sont rien pour vous. Aussi,
Monseigneur, vous en recevez déjà
le prix ; vous goûtez les jouissances
les plus douces pour une grande ame ;
l'admiration et l'amour de tout un
peuple.

Les Colonies, Monseigneur, trouveront sans doute des défenseurs plus
éloquens que moi. Mais si j'ai pu le
premier vous intéresser pour elles ; et
qu'excitée par votre généreux patrio-
tisme, la nation accueille leurs représentans, je m'applaudirai sans cesse
d'avoir osé prendre la plume dans une
cause si intéressante.

Je suis, avec un profond respect ,

MONSEIGNEUR,

De Votre Altesse Sérénissime ,

Le très-humble &
très-soumis serviteur,
UN AMI DES COLONIES,

A Paris, ce
8 Avril 1789.

RÉCLAMATIONS

DES COLONIES.

Il est donc venu ce tems d'espérance et d'émulation, où chaque citoyen peut élever la voix pour le bien de son pays , et dire tout ce qu'il croit utile et juste ! Il est venu ce tems de gloire et de liberté ; et je céderai à la confiance qu'il m'inspire , je parlerai pour des contrées , qui ont à se plaindre d'un oubli désastreux , j'oserai mêler mes conseils à ceux des hommes éloquens , dont les écrits ont accéléré la régénération de la France:

Lorsque la nation s'empresse à célébrer , avec amour , la bienfaisance paternelle et l'équité de son Souverain , pourquoi faut-il qu'une partie de cette nation reste frappée d'étonnement et

de douleur au milieu de la joie publique ? Dès que les habitans des Colonies
ont été instruits du desir qu'a le Roi
de voir les différentes classes de ses
sujets concourir à la libération de l'é-
tat, & à l'établissement d'une constitution sage, ils ont soudain franchi
l'océan, et porté, à plusieurs reprises,
leurs vœux au pied du trône; ils ont
demandé à seconder le zèle de tous
les vrais Français, et à jouir du juste
droit qu'a chaque province de réformer
les abus qui se sont introduits dans
son administration. Mais malgré leurs
vœux, malgré la justice de leurs droits,
le nom des provinces françaises, situées
au-delà des mers, ne se trouve point
dans la liste des représentans de la nation, et les plus belles des Colonies
des Antilles, un pays qui possède
quatre - vingt mille habitans libres,
et plus de six cens mille escla-
ves, un pays dont l'agriculture
verse plus de deux cens vingt millions
par an dans le commerce du royaume,
reste privé des avantages qu'on vient
d'accorder à toutes les autres parties
de l'empire.

Cependant les Colons ont trop de

confiance dans la sagesse et la bonté
du Roi, pour ne pas demeurer per-
suadés que Sa Majesté ; en les refu-
sant, n'a fait que céder à des senti-
mens étrangers à son cœur. Ils ne croi-
ront jamais qu'elle ait voulu exclure
une partie de ses sujets des bienfaits
qu'elle accorde au reste de ses peuples.
Aussi j'ose être leur interprète, et je
vais retracer aux yeux du Roi et de la
nation entière les principes incontes-
tables sur lesquels ils fondent leurs ré-
clamations. Leur cause est celle de tous
les citoyens ; leurs plaintes ne peuvent
paroître indifférentes à quiconque ché-
rit l'honneur, la justice et la patrie.

Nous jetterons d'abord un coup-
d'œil sur les liens qui unissent les
Antilles à la France. Ensuite nous
examinerons si les droits des Colonies
sont moins étendus et moins sacrés
que ceux des autres provinces. Nous
répondrons aux objections qu'on a faites
aux Colons, et nous prouverons enfin
que leur admission dans les Etats-Généraux est non-seulement avantageuse,
mais indispensable pour la nation. Peut-
être quelques esprits sages regarderont
comme inutile que nous démontrions

des vérités qui ne devroient pas même être mises en question : mais il est des hommes qui, jusqu'à présent étrangers aux intérêts des Colonies, et trompés par l'abus des mots, ont besoin d'être éclairés ; d'autres dont les vœux sont opposés aux vœux des Colons, et qu'il importe de combattre.

Les Colons ont en leur faveur non-seulement les droits qui sont communs à tous les anciens citoyens de la France, et qu'on n'a jamais pu leur ravir, puisqu'ils n'ont jamais cessé d'être Français, mais ils ont encore l'investiture et la garantie des mêmes droits, accordés aux provinces conquises, ou nouvellement ajoutées au royaume.

Leurs îles ne sont cependant ni une cession, ni une conquête. Leur assimilation aux autres provinces de France a une origine plus intéressante et plus respectable. Il y a environ cent soixante ans que quelques Français courageux, vivant loin de leur terre natale, et cherchant sur les mers la gloire et la fortune, furent révoltés des cruautés que les Espagnols exerçoient en Amérique. Bientôt ils délivrèrent de ces tyrans la Martinique, Saint-Christophe, la petite île de la Tortue, et la côte-nord de Saint-Domingue ; et ils s'y établirent. Possesseurs tranquilles et redoutés de ce beau pays, ils purent le conserver en souverains ; ils le gardèrent même seuls pendant quelques années : mais ensuite ils en firent hommage à la France, aimant mieux enrichir leur patrie, et redevenir les sujets du Roi, sous léquel ils étoient nés, que de vivre dans une indépendance absolue. On sait avec quel empressement le gouvernement français, accueillit les intrépides flibustiers, et combien il eut à se louer de compter les Antilles au nombre de ses provinces. S'il leur accorda un chef pour les commander, des troupes pour les défendre, des magistrats pour y administrer la justice ; s'il leur promit même les privilèges les plus étendus dont puisse jouir aucun autre pays soumis à la domination de la France, il reçut en échange, de la part des Colons, tous les secours qu'il avoit droit d'attendre des sujets les plus dévoués. Sous Louis XIV, c'est la valeur des Colons qui réprima, dans les mers des Antilles, l'avidité hollandoise et l'ambition jalouse des Anglais, et qui enleva aux

Espagnols les riches villes de Campe-
che et de Carthagène. Dès-que le même
Prince leur demanda un octroi, ils se
hâtèrent de se taxer ; et depuis ils n'ont
cessé de fournir à la patrie et des impôts et des troupes, contens de conserver, pour prix de leur fortune et de
leur sang, le titre honorable de Français.

Eh ! que faut-il donc pour qu'un pays
fasse partie d'un empire, si ce n'est
pas assez d'être soumis au même prince,
de suivre les mêmes loix, de supporter
les mêmes charges, d'être compris dans
tous ses traités, de prendre part à toutes
ses querelles, et d'avoir enfin une
communauté constante de biens et de
maux ?

Est-il nécessaire qu'il ait appartenu
à cet empire, dès le premier instant
de sa fondation ? Mais si l'on exigeoit
cette condition absurde, la France
seroit réduite au dixième de ce qu'elle
est réellement. La Bourgogne, la Bretagne, la Guyenne, la Provence,
l'Alsace, la Lorraine & plusieurs autres provinces ont été successivement
ajoutées au royaume; et elles ne peuvent avoir de droits plus étendus que

les Colonies d'Amérique , ajoutées comme elles , et qui se sont données librement elles-mêmes.

Veut-on que ce pays soit très-vaste ? Les Antilles Françaises contiennent plusieurs grandes îles. Très - peuplé ? On y compte cent villes ou bourgs considérables , et douze mille habitations , qui sont autant de villages. D'un grand revenu ? Ce sont les plus productives des colonies agricoles. D'un commerce avantageux à l'état ? Elles occupent douze cens vaisseaux ; elles servent à l'entretien d'un nombre infini des manufactures du royaume , et elles achettent une grande partie des vins , des farines et des autres denrées qu'on recueille en France.

Voilà quelles sont les contrées auxquelles on n'a point accordé des représentans pour discuter leurs intérêts avec ceux des autres provinces.

Quoi donc ! les rapports des colonies avec leurs métropoles doivent-ils être différens des rapports des autres provinces avec la nation ?

Sans remonter à l'origine des colonies, sans chercher à en suivre les détails chez les divers peuples de l'an-

tiquité, nous pouvons observer que
Rome, dont la politique fut long-tems
si sage et si profonde, Rome accor-
doit à ses colonies, ainsi qu'aux états
qu'elle soumettoit à ses armes, le
nom & le rang de province romaine ;
et lorsque dans la vigueur de la république, elle voulut s'écarter de cette
institution, elle s'exposa à la guerre
des alliés, qui faillit entraîner sa ruine.

Mais, quoique la conduite imposante
de Rome soit à l'appui du droit que
nous réclamons, nous ne nous bornerons pas à prendre des modèles
loin de nous. Les colonies des anciens
différoient trop des nôtres. Nous nous
étayerons de titres plus sacrés que
ceux qu'elles pourroient nous fournir.
L'autorité de la justice et de la raison
vaut mieux que l'autorité de l'exemple.

Ce n'est jamais une différence purement nominale qui doit établir une
différence de droits entre les provinces
d'un même empire.

Qu'importe que les unes s'appellent
métropole, et les autres colonies, puisqu'elles font également partie d'un seul
tout ? La métropole ou mere-patrie est
plus ancienne, il est vrai ; mais si les

colonies sont ses enfans, ce sont, du moins, des enfans émancipés, qu'on ne peut empêcher de jouir des droits inaliénables, que la nature et les loix accordent à tous les hommes, quand ils ont atteint l'âge de raison.

Eh, quoi ! des citoyens qui, pour leur avantage ou le bien commun de la patrie, passent d'une partie de l'empire dans une autre, des habitans de la métropole, enfin, qui vont dans les colonies, peuvent-ils perdre, par ce changement de domicile, le nom et les privilèges de citoyens ? Se sont-ils dégradés en travaillant à la prospérité et au bonheur de l'état où ils sont nés ? ont-ils mérité qu'on les dépouille de leurs droits d'hommes libres, quand ils ont concouru à assurer la grandeur et la liberté de leur nation ? A-t-on acquis le pouvoir de les repousser du sein de leurs concitoyens, et de leur imprimer une tache à jamais humiliante ? Non, sans doute, personne ne peut le prétendre. Ce seroit attaquer à la fois les lumières de la raison et l'ordre de la société.

Le souverain d'un grand empire est obligé de maintenir les droits des divers pays réunis sous son pouvoir, comme ceux des individus qui composent la nation. Quel que soit leur nom, ou leur rang, l'un ne doit jamais être soumis à la volonté de l'autre. Ils doivent tous également être soumis aux loix.

Pourquoi voudroit-on donc, lorsqu'une nation s'assemble pour délibérer sur des intérêts qui sont communs à tous les citoyens, soit qu'ils habitent des provinces nouvelles, qu'on désigne sous le nom de colonies, soit qu'ils habitent celles qu'on appelle métropole ; pourquoi voudroit-on exclure des délibérations une partie des citoyens ? les habitans de la métropole n'usurperoient-ils pas dès-lors un avantage inique ? ne sembleroient-ils pas laisser dans une espèce d'infériorité et de servitude odieuse, les habitans des colonies, qui sont leurs égaux, leurs amis, leurs frères ?

Oui, l'état doit être considéré comme une grande famille : ce sont même les expressions dont le Roi s'est servi en se nommant, à juste titre, le père de tous ses sujets.

Eh ! bien ? un père, qui a rassemblé

plusieurs fois ses enfans, lorsqu'ils n'étoient que dix, pour traiter avec eux des intérêts de sa famille, desire d'en venir long-tems après à de nouveaux réglemens. Mais à cette époque le nombre de ses fils est augmenté. Il s'en trouve quatre de plus ; et ces quatre vivent en pays lointain, où ils travaillent au bien commun de leur famille. Le père rassemblera-t-il donc ses quatorze enfans, ou seulement les dix premiers ? S'il n'en appelle que dix, les autres ne seront-ils pas fondés à se plaindre ? « Eh quoi ! diront-ils,
» nous nous sommes éloignés du lieu
» de notre naissance ; nous avons bravé
» les dangers de l'océan et l'influence
» d'un climat destructeur, dans le seul
» espoir de vous être utiles ; nous
» avons doublé votre industrie par les
» ressources que vous ont fourni nos
» liaisons de commerce ; nous avons
» défriché des déserts et habité des
» chaumières pour vous meubler des
» palais ; vous vous rassemblez, fiers de
» mieux assurer la durée de vos avan-
» tages ; vous voulez établir un nouvel
» ordre, qui devroit, sans doute,
» concourir au bonheur de notre fa-

» mille entière ; et dans ce moment ,
» le plus intéressant pour nous, le
» seul où, depuis notre existence, nous
» ayons pu nous réunir à nos frères, on
» prétend nous en écarter ! Non, non !
» Nos frères ne s'opposeront pas à nos
» vœux légitimes. Ils savent qu'obligés
» de vivre loin d'eux, nous n'avons
» pas cessé de leur appartenir, et que
» c'est un assez grand malheur pour
» nous de demeurer souvent privés de
» leur présence, sans nous voir ex-
» posés au malheur plus grand encore
» d'être traités comme étrangers. Ils
» savent que nos liens sont indissolu-
» bles. Ils savent, enfin, que notre
» intérêt est de les aider à devenir
» heureux, et que rien de ce qui sera
» traité dans leur assemblée, ne peut
» être indifférent à un seul d'entre
» nous ».

N'est-ce donc pas-là le discours que
peuvent tenir les habitans des colonies
à leurs concitoyens, à leurs frères,
qui habitent dans la métropole ? Et ce
discours, également dicté par la nature
et par la raison, ne fera-t-il pas une
impression assez forte, pour qu'on

restitue soudain aux Colons l'entière jouissance de leurs droits méconnus ?

Parmi les écrivains qui se sont occupés des intérêts des peuples, il en est dont l'opinion profonde et lumineuse entraîne toutes les autres opinions : tels sont Montesquieu et Adams Smith. Or ces deux hommes célèbres ont reconnu que les Colonies devoient avoir les mêmes droits et les mêmes avantages que la métropole.

Montesquieu, en parlant d'une nation sage, d'une nation dont il donne le gouvernement pour modèle, ajoute : » comme on aime à établir ailleurs » ce qu'on trouve établi chez soi, cette » nation donneroit aux peuples de ses » Colonies la forme de son gouver- » nement propre ; et ce gouvernement » portant avec lui la prospérité, on » verroit se former de grands peuples » dans les forêts même qu'elle enver- » roit habiter (1).

M. Smith, encore plus formel dans ses applications, regarde les Colonies comme des parties constituantes de

---

(1) De l'esprit des loix, liv. 19, chap. 27.

l'empire. Il s'occupoit de cette grande cause ; il la discutoit en silence dans son livre sur la richesse des nations , auquel il travailloit pendant la guerre d'Amérique ; et si le ministère Anglais avoit pensé aussi sagement que le philosophe d'Edimbourg , la Grande-Bretagne n'eût pas perdu ses plus belles Colonies.

« Je ne vois pas la moindre proba-
» bilité , dit M. Smith, à ce que la
» constitution britannique souffrît de
» l'union de l'Angleterre avec ses
» Colonies. Cette constitution y gagne-
» roit au contraire une perfection qu'elle
» ne peut jamais avoir sans cela. Pour
» que l'assemblée qui délibère et décide
» sur toutes les parties de l'Empire soit
» bien informée, il faut certainement
» qu'elle ait des représentans de cha-
» cune de ces parties (1) ».

Nous ajouterons à tout ce que nous venons de dire en faveur des Colonies, une observation qui convient particulièrement à celles des Antilles. Les Antilles se trouvent precisément

---

(1) Recherches sur la nature et les causes de la richesse des nations, liv. 4, chap. 7.

dans le même cas que le Dauphiné. Les premiers Colons qui firent présent de leurs îles à la France, agirent comme le dernier des Dauphins de Viennois, qui avoit donné ses états au Roi: Y a-t-il donc quelques Français qui ne s'honorent d'être les concitoyens des habitans du Dauphiné? Et s'en trouvera-t-il désormais un seul qui puisse contester aux Colons un avantage dans lequel ils sont non moins fondés que les Dauphinois?

L'on vient de voir que les provinces des Colonies doivent conserver une parfaite égalité de rang et de droits avec les autres provinces françaises. Mais croira-t-on qu'il y ait aucune de ces provinces qui pût voir porter atteinte aux plus authentiques de ses droits, sans s'élever contre une infraction aussi dangereuse? Croira-t-on qu'elles ne doivent pas toutes défendre leurs franchises et leur liberté? Croira-t-on enfin que le Roi lui-même ne soit pas intéressé à prévenir des maux que peuvent causer les erreurs échappées à la vigilance de son conseil?

Victimes d'une de ces erreurs, les Colons se sont empressés de la faire connoître. Ils ont , en se plaignant ; fourni à Sa Majesté une nouvelle occasion de signaler sa justice. Aussi le Roi a voulu que la nation assemblée les entendît et les jugeât , et il leur a fait annoncer ses volontés par l'organe du Ministre qui seconde si dignement sa sagesse et sa bienfaisance.

Rappellons donc encore les droits qui appartiennent également à chaque partie de l'empire.

Quand le Roi convoque les Etats-Généraux, toutes les provinces n'y doivent - elles pas être appellées ? Oui , sans doute, il faut qu'elles y soient appellées , et qu'elles y envoyent leurs représentans ; puisqu'autrement l'assemblée générale de la nation se trouveroit incomplète , et ses décisions seroient illégales.

La France est divisée en plusieurs Provinces. Les unes sont situées au pied des Pyrénées ; d'autres sur les bords de la Manche ; d'autres au-delà des Mers. Leurs intérêts semblent différens à certains égards , mais à d'autres égards ils sont pourtant les mêmes , et réunies sous un seul gouvernement , elles ne peuvent , ni ne doivent entreprendre

dre de se nuire , puisque leur bien
général résulte du bien particulier , et
qu'on n'attaque point les droits d'une
seule d'entr'elles , sans attaquer les
droits de toutes les autres.

Supposons un moment que les représentans de la Normandie ou de
la Guyenne ne se trouvassent point
dans l'assemblée des Etats-Généraux,
Les députés des autres provinces pour-
roient-ils voter seuls et stipuler pour
les absens ? Non : car ils agiroient
certainement contre les droits et l'intérêt particulier des provinces non re-
présentées ; et dès-lors ils nuiroient à
la cause commune et au bien général.
Or ce que l'assemblée de la nation
ne peut pas faire en l'absence des représentans des provinces qui sont en-
deçà des mers , elle ne peut le faire en
l'absence des représentans des provinces
qui sont au-delà. Dès que les liens politiques sont communs , les devoirs sont
réciproques.

Ce ne sont donc pas les Colons seuls
qui se trouvent intéressés à soutenir
les droits des Colonies. La nation
s'empressera sans doute de prendre
leur défense , et , blessée dans une

partie d'elle-même, il est de sa gloire de ne point souffrir un tort qui pourroit occasionner les plus funestes abus.

Il est si vrai, si incontestable que toutes les provinces de l'empire doivent être comprises dans l'assemblée des Etats-Généraux, que la nation, unie à son Souverain, devenant dès-lors législatrice, la partie de cette nation qui n'auroit pas été entendue, ne pourroit pas être soumise à des loix faites à son insu.

Et pourquoi quelques provinces françaises verroient-elles l'union confédérative de la nation, sans exiger qu'on les y admît? Devroient-elles ne pas s'indigner d'une aliénation cruelle et humiliante? devroient-elles souffrir qu'on manquât à des conditions qui lient également tous les citoyens d'un même empire, et qu'on violât, à leur préjudice, les droits les plus saints de la nature et de la société?

Non, non, aucune des provinces du royaume ne se soumettroit tranquillement à un tel malheur; et ce qu'elles ne feroient pas, les habitans des Colonies ne sauront pas le faire. Ils sont Français; ils sont pénétrés du desir de signaler leur amour pour le Roi et pour la patrie. Le plus puissant intérêt, le motif le plus sacré les excite en ce moment. Ils ont à défendre leur propre honneur, et celui de tout un pays, dont la destinée dépend du succès de leurs efforts. Ils doivent donc demander justice jusqu'à ce qu'ils l'obtiennent.

Quoique tous les principes que nous avons établis prouvent suffisamment que l'admission des Colons, dans l'assemblée des Etats-Généraux, est légitime et nécessaire, et que, d'après cela, nous pussions nous dispenser de répondre aux ennemis des Colonies, nous allons rapporter et combattre leurs objections.

« Les Colonies, dit-on, n'ont pas
» besoin d'être admises aux Etats-Gé-
» néraux, puisqu'elles ont un régime
» différent du régime de la métropole,
» et que leurs denrées sont différentes
» de celles de France ».

L'assertion n'est pas entièrement exacte : mais quand elle le seroit, pourroit-elle fournir un titre d'exclusion pour les Colonies ? Elles ont les mêmes loix, la même coutume, la même jurisprudence que Paris, d'où sortent les gens de loi, qui vont remplir, dans les îles françaises, les places de judicature.

Il est vrai qu'elles ont aussi des loix et des ordonnances locales ; mais la Bourgogne n'en a-t-elle point d'étrangères à celles de Paris ? la Provence à celles de Bretagne ? et ces différentes provinces en font-elles moins partie du royaume ? en sont-elles moins admises aux Etats-Généraux ?

Quant aux productions, qu'importe que les Colonies fassent du sucre ou du bled ? La Provence fait de l'huile, la Normandie du cidre, la Guyenne du vin, le Gatinois du safran ; et néanmoins elles se réunissent dans l'assemblée générale de la nation.

Loin que la différence de productions doive être un prétexte pour éloigner les Colonies des Etats-Généraux, elle fournit au contraire de pressantes raisons de les y appeller.

La nation connoîtra mieux dès-lors le rapport intime qui attache les Colonies à la métropole, par le commerce immense qu'elles font ensemble ; et en jugeant des avantages de ce commerce, elle pourra favoriser les moyens de lui donner plus d'extension. Elle sentira

que tout ce qui contribue à la prospérité des Colonies a une influence utile
et soudaine sur les diverses provinces
du royaume.

Les provinces de France et les Colonies sont si bien liées , que le sort
des unes dépend désormais des autres.
Comment donc écarter les Colonies des
Etats-Généraux , sans nuire à la France ,
et sur-tout sans nuire aux Colonies ?

Mais de même qu'en excluant les
Colonies des Etats-Généraux , on nui-
roit aux Colonies et à la métropole ,
leur admission leur deviendra également
utile. On peut avancer , avec certitude ,
qu'une bonne constitution donnée aux
Colonies en augmentera le produit d'un
tiers ; et de cette augmentation résul-
teront nécessairement deux grands avantages , celui d'étendre encore le commerce du royaume , et celui de porter
une plus forte recette dans le trésor de
la nation.

« Mais , dit-on , dans les Etats-Géné-
» raux , il sera question de loix et d'ob-
» jets étrangers aux Colonies ».

Nous répondrons que rien de ce qui
sera traité dans les Etats-Généraux d'un
empire , dont les Colons font partie ,

B 3

ne peut leur être étranger. Les Français qui habitent les Colonies sortent de Paris , de la Guyenne, du Dauphiné , de la Provence. Ils ne résident que passagèrement en Amérique. En s'occupant de leur fortune , ils ne cessent de tourner les yeux vers le lieu de leur naissance ; et dès qu'ils peuvent jouir du fruit de leurs travaux, ils repassent l'océan pour revenir dans leur famille. Ils ont donc, et comme Colons, et comme nés en France , un double intérêt de concourir à la formation des loix, qui doivent assurer le bonheur de tous les citoyens.

D'ailleurs , comment peut-on dire que les objets dont s'occuperont les Etats-Généraux doivent être étrangers aux Colonies ? Parmi ces objets, les trois principaux sont les impôts, les loix civiles et les loix criminelles · or , ces objets intéressent les Colonies autant qu'aucune autre province.

Les Colons paient des impôts à l'Etat , et ces impôts sont considérables : mais si leurs vœux sont écoutés , si leurs conseils sont suivis , ils espèrent pouvoir bientôt lui en payer davantage , sans que cet accroissement leur devienne onéreux. Ils ne tarderont même pas à en développer les moyens dans un mémoire particulier.

Ils doivent prendre part aux changemens projettés dans le code civil, puisqu'on suit dans les tribunaux des Colonies la même jurisprudence qu'en France, et que c'est en France qu'on fait réformer les arrêts des Colonies, qui sont susceptibles de réforme.

Quant au code criminel, on sait que nos îles n'en ont pas d'autres que celui du royaume ; et quoique les crimes, que les loix punissent de mort, soient très-rares dans les Antilles, les Colons n'en desirent pas moins de concourir à réformer et à adoucir, autant qu'il sera possible, cette partie triste et nécessaire des institutions sociales.

« L'on ne sait, ajoute-t-on, quel rang » on pourra donner aux Colons dans » les États Généraux ».

Les Colons sont sans doute sensibles à l'honneur du rang ; mais lorsqu'il s'agira de témoigner leur dévouement au souverain et à la patrie, toute place leur conviendra, et ils se contenteront du rang que la nation daignera leur assigner.

B 4

. Il est pourtant nécessaire d'observer qu'on ne reconnoît dans les Colonies qu'un seul ordre de citoyens, celui des blancs, propriétaires planteurs ; l'enregistrement des titres de noblesse n'y donne d'autres prérogatives que le droit de se qualifier dans les actes juridiques. Les religieux qui y ont quelques habitations votent avec les autres blancs ; et les nègres libres, ou mulâtres, n'ont point voix délibérative. Ce sont donc les seuls blancs propriétaires, qui peuvent être électeurs et députés.

« Voyez, nous dit-on encore, voyez » les Colonies anglaises ; elles n'ont » point de représentans dans le Parle- » ment d'Angleterre ».

Les Colonies anglaises n'ont point de représentans dans le Parlement Britannique ; mais c'est un malheur pour l'Angleterre, puisqu'il lui en a déja coûté la plus belle moitié de ses Colonies. Cependant la constitution des Colonies anglaises est bien différente de la nôtre. Elles ont chacune une charte, qui maintient leur liberté et leurs priviléges, et au préjudice de laquelle le gouvernement ne peut point agir sans leur consentement. Si le commandant général et les autres chefs de la Colonie veulent introduire quelque changement dans l'administration, et que ce changement soit contraire à l'intérêt de la Colonie, les habitans s'y opposent, et il est soudain rejetté. Ainsi les Colonies anglaises ont leurs Etats-Généraux, puisqu'on n'y peut rien faire sans l'aveu des habitans.

Dans les Colonies françaises, au contraire, les ordonnances s'exécutent, nonobstant toute réclamation, soit que ces ordonnances émanent du ministère de France, soit qu'elles ne partent que du pouvoir secondaire des administrateurs de la Colonie.

Enfin, la comparaison des Colonies anglaises et des nôtres prouve encore mieux la justice de nos demandes. Les Colonies anglaises ont un régime stable. Les habitans sont sûrs d'y voir leur liberté respectée ; tandis que malgré leurs conventions premières, malgré la sainteté de leurs droits, les Colons français restent sans cesse exposés à une administration arbitraire, qui peut se jouer, à son gré, de la for-

tune, de la liberté et de la vie des citoyens (1).

« L'admission des Colonies aux Etats-
» Généraux, dit-on, est une nouveau-
» té ».

Nous convenons, en effet, que c'est
pour la France une chose nouvelle,
puisqu'en 1614, époque de la tenue
des derniers Etats-Généraux, elle n'a-
voit pas encore des Colonies. Mais
l'usage d'un droit peut être nouveau
pour un peuple, sans que le droit
même soit nouveau ; et un droit fondé

------

(1) L'histoire des Antilles nous offre beaucoup
d'exemples de cette triste vérité : mais nous nous
bornerons à en citer un petit nombre.

Tantôt le procureur-général d'un conseil est exilé
despotiquement en France, pour avoir mieux aimé
obéir à sa conscience et aux loix qu'à l'ordre du
gouverneur.

Tantôt un avocat vertueux, qui a déplu à ce même
gouverneur, est déporté du sein de sa famille sur
la plage aride et presque déserte d'une île étran-
gère, où il meurt de douleur et de désespoir.

Tout un tribunal suprême se trouve bientôt après
suspendu de ses fonctions, et embarqué pour l'Europe
par un autre commandant général.

De nos jours, un citoyen tranquille a été arrêté
par l'ordre du chef d'une Colonie, et livré au chef
d'une Colonie voisine, qui étoit l'ennemi personnel
de ce citoyen, et qui, après l'avoir tenu long-tems
aux fers, l'a envoyé jetter sur les côtes de France.

sur la nature et les loix sociales n'est jamais une nouveauté.

Cependant, s'il est vrai que ce soit là le motif de l'exclufion des Colonies, toutes les provinces, qui n'appartenoient pas à la France lors des états de 1614, devroient également avoir été exclues. Les droits de la Franche-Comté, de la Lorraine et de la Corse, ne sont pas plus anciens que les nôtres, et peut-être sont ils moins sacrés.

Si l'on n'a pas voulu hasarder ce qu'on appelle une nouveauté, en faveur des provinces seules, qui sont situées en Amérique, à cause de leur éloignement, on a eu, sans doute, encore plus de tort ; puisque leur éloignement leur fournit de nouvelles raisons pour demander à être appellées dans l'auguste assemblée de la nation.

L'éloignement met sans cesse en contradiction les ordres extorqués d'une autorité trompée et les avantages des citoyens. Il favorise les abus du pouvoir arbitraire, la tyrannie des subalternes, les malversations des spoliateurs ; et il empêche trop souvent qu'on n'entende les plaintes des opprimés. C'est donc précisément par rapport à leur éloignement que les Colonies ont besoin que la nation soit plus attentive aux établissemens et aux réformes utiles qu'elles ont à proposer.

Nous venons de retracer fidèlement des objections qu'on n'a point rougi de faire, et nous croyons avoir demontré combien ces objections sont futiles. Cependant nous allons encore joindre ici quelques raisonnemens qui achéveront de présenter les droits des Colonies dans toute leur évidence.

Personne n'ignore quel est le but des Etats-Généraux. Le souverain l'a lui-même annoncé. C'est de remédier aux maux de l'empire, de connoître les erreurs de l'administration dans toutes ses parties, et d'affurer, par des loix sages et permanentes, le bonheur de chaque province.

D'après cela, qui peut douter que les Colons ne doivent être admis dans l'assemblée de la nation, et comme Français, et comme citoyens intéressés au commerce, et comme citoyens cultivateurs ?

Oui, les Colons doivent assister aux Etats-Généraux, comme Français. Le Roi n'a point de sujets qui méritent mieux ce titre. Ils sont nés en France. ils ont fait présent à l'état d'une grande et fertile contrée. Ils ont toujours prodigué leur fortune et leur sang pour la patrie. Ils sont les habitans de la plus riche province de l'empire ; de celle qui excite dans toutes les autres l'amour du travail et l'industrie , et qui y répand l'abondance ; de celle qui établit vis-à-vis de l'étranger une balance immense à l'avantage de notre commerce ; de celle qui soutient la puissance de la marine française , et dont la perte laisseroit tous les ports de France dans un état de langueur et de mort ; de celle enfin , qui est devenue l'objet de la jalousie et de l'ambition de toutes les nations rivales.

Oui , comme Français , les Colons ont droit de participer au bien que le Roi promet à tous les peuples de France. Il n'est point de province , dont l'administration soit plus vicieuse , et dans laquelle il se soit glissé plus d'abus que dans les Colonies. Et qui voudra , qui saura découvrir ces abus , sinon les Colons ? Dans les maladies politiques , comme dans les maladies physiques , ceux qui souffrent peuvent

seuls indiquer au médecin le plus habile
le siège et la cause secrète de leur mal.

Comme citoyens intéressés au commerce, les habitans des Colonies ont
aussi droit de prendre part à l'assemblée des Etats-Généraux. La politique a fait assez de progrès pour savoir que c'est principalement du commerce que dépend désormais la prospérité des peuples ; et aucun Français
ne peut douter que les Colonies ne
soient la source la plus feconde et la
plus heureuse du commerce de la
France.

Qui saura donc mieux que les Colons
concourir à la formation des loix et
des reglémens propres à favoriser le
commerce des Colonies ?

Seront-ce les administrateurs, que
le gouvernement a envoyés en Amérique ? Mais presque tous les administrateurs, après y avoir sejourné trois
ans, abandonnent le pays qu'ils com-
mençoient à peine à connoître.

Seront-ce les marchands de France ?
Mais les marchands de France puisent
leurs idées sur les Colonies, dans les
rapports de quelques capitaines qui ne
s'attachent, pendant leurs rapid svoya-

ges, qu'à doubler la valeur de leurs cargaisons, et qui sont, pour la plupart, incapables de saisir la vérité, ou intéressés à la déguiser. Les Colons, au contraire, s'occupent des moyens les plus propres à faire fructifier le commerce des contrées qu'ils habitent, et à enrichir la métropole. Ils sont loin d'avoir les vues mercantilles et partielles de ces hommes, qui voudroient s'approprier exclusivement tous les bénéfices qu'offre un pays, et qui aimeroient mieux faire tarir une des sources du commerce, que de n'en pas profiter seuls. Les Colons pensent, sur-tout, que les principaux avantages du commerce sont dans ses grands rapports, et que ses grands rapports ne peuvent être que la suite d'une généreuse liberté.

Comme citoyens agriculteurs et manufacturiers de denrées différentes de celles d'Europe, les Colons ont encore plus de droit à siéger parmi les représentans des autres provinces.

Les immenses richesses que nous avons fait connoître, ces grands alimens de l'industrie, du commerce, et de la marine de France, sont dûs à l'agriculture des Colonies, et ne sortent que du sol de nos îles. Mais quels soins, quels travaux, quel art, ne faut-il point pour les faire naître et pour les préparer ! Non, quiconque n'a point habité sous le ciel brûlant des Antilles, ne peut que se former une foible idée des peines que coûtent les denrées qu'on y recueille.

On voudroit en vain comparer les cultures d'Europe et celles d'Amérique. Que sont les travaux des campagnes de France, travaux, pour la plupart, grossièrement et machinalement exécutés, auprès des travaux qu'exigent les plantations des cannes de sucre, de l'indigo, du coton et du café ? Le cultivateur des Antilles a besoin d'être, à la fois, laboureur robuste, méchanicien intelligent, et chymiste habile. Il ne suffit pas de planter avec soin des cannes de sucre, ou de semer de l'indigo ; celui qui l'entreprend doit avoir disposé son terrain de manière à pouvoir vaincre par des arrosemens industrieux et l'aridité du sol, et les ardeurs d'un soleil dévorant. Il faut qu'il soigne ses plantations par une longue et pénible culture. Il faut qu'il soit en état

de

de veiller à la construction et à la réparation des machines qui servent à préparer ses récoltes. Il faut enfin qu'il dirige lui-même les opérations par lesquelles on obtient du roseau, qu'on nomme canne de sucre, et de la plante qu'on appelle indigo, les substances précieuses que ces végétaux contiennent.

Qui pourroit donc suppléer les Américains dans les détails et les vues à présenter pour augmenter les progrès de l'agriculture des Colonies ? Qui pourroit mieux qu'eux faire sentir ce qui convient à leur pays ? Cependant il est à croire que dans les Etats-Généraux, il ne sera traité aucun objet qui offre plus de richesses à la nation, et qui soit susceptible d'un accroissement plus prompt et plus facile.

Nous nous permettrons une simple réflexion, qu'a fait naître le besoin de parler de l'agriculture des Colonies. Tous les jours on sent mieux en France les avantages du premier des arts, de cet art qui nourrit les hommes. On s'occupe à l'envi des moyens de perfectionner l'agriculture du royaume. Le Ministère, les académies l'excitent par des prix et des honneurs ; et nous ne pouvons qu'applaudir à leur munificence. Mais pourquoi n'a-t-on jamais rien fait en faveur de l'agriculture de nos îles ? Ne mérite-t-elle point quelques encouragemens ? Pense-t-on que les hommes qui s'y distinguent, ne fissent pas de nouveaux efforts, si, pour prix de leur émulation, la gloire les attendoit ?

A tout ce que nous avons dit pour prouver que les Colons doivent être admis dans l'assemblée de la nation, nous ajouterons une raison pressante, une raison qui ne permet pas de les en exclure.

Les habitans des Colonies ne peuvent pas se dissimuler qu'ils ont des adversaires, c'est-à-dire, qu'il est des hommes en France, qui, pour satisfaire leur ambition ou leur avarice, voudroient pouvoir ruiner les Colonies et la France même. Ces hommes seront peut-être députés aux Etats-Généraux, ou du moins ils y auront des représentans. En demandant, en sollicitant sans cesse des avantages particuliers, sous prétexte de demander les avantages du commerce dont ils sont les vrais ennemis, croit-on que ces hommes ne cherchent pas a faire établir tous les reglémens les plus nuisibles aux Colonies? Peut-être même s'abuseront-ils au point de penser qu'ils ne sont que justes, tant l'intérêt et l'avidité aveuglent quelquefois! tant les Colonies peuvent être méconnues par ceux même qui leur doivent leur fortune! Quoi! ces îles, dont le commerce a doublé Nantes, enrichi Marseille, la Rochelle et le Havre, rendu Bordeaux une des plus florissantes villes de l'Europe, et fait refluer des richesses immenses dans le fond des provinces; ces îles seroient calomniées, opprimées dans la grande assemblée des citoyens, et elles n'auroient pas des représentans? Et leurs ennemis ne trouveroient point de contradicteurs? Non, non, à ce titre seul les Colons devroient être appellés.

Si le Roi avoit pu dejà prendre lui-même connoissance de toute l'étendue de leurs droits, de la nécessité de leur présence dans les Etats-Généraux, du danger qu'ils courent, s'ils en sont exclus, il n'eût, sans doute pas permis qu'on les jugeât sans les entendre;

il se seroit empressé de les mettre à même de repousser les attaques qui les menacent ; il eût, d'un mot, rendu la tranquillité à l'une des plus belles parties de ses états.

Mais Sa Majesté qui, dans l'accumulation des grandes affaires dont elle s'occupe en ce moment, ne peut pas donner à chacune en particulier toute l'attention qu'elle exige, et qui, en désirant le bien de ses peuples, veut le faire naître de leur accord mutuel et de leur intime union, Sa Majesté a déféré l'entrée des Colons dans les Etats-Généraux à la décision des Etats-Généraux eux-mêmes.

C'est donc à la nation entière que les Colonies vont s'adresser. C'est à elle à prononcer dans une cause si intéressante pour elle.

Et Vous, qui allez jouir de la gloire de représenter cette nation, et de seconder le génie qui la ranime ; Vous qui, honorés des suffrages et de la confiance d'un grand empire, êtes désormais les dépositaires de ses destinées, songez que vos premières délibérations doivent être consacrées au perfectionnement de votre assemblée ! Songez

qu'elle ne peut pas rester incomplète !
Songez que vous ne devez pas commencer par une injustice l'exercice suprême d'un pouvoir dont nous n'attendons que des loix justes !

Nous vous avons exposé les droits des Colonies : vous voyez qu'ils sont les mêmes que les vôtres. Nous vous avons parlé de leurs intérêts : vous savez qu'elles n'en ont pas d'autres que vous : leurs espérances vous sont communes, et leurs dangers vous environnent.

N'est-ce pas l'amour de la patrie qui vous rassemble ? et l'amour de la patrie permet-il que des citoyens soient méconnus ? Quoi ! si nos îles étoient assiégées, si les escadres de nos rivaux attaquoient leurs ports, ne vous empresseriez-vous pas de traverser les mers et de voler à leur secours ? Ne feriez-vous pas tous vos efforts pour les venger? Eh ! bien ! délivrez-les d'une foule d'ennemis plus dangereux que ceux qui marchent à front découvert, et sous des drapeaux étrangers. Aidez-les foudain à les vaincre. Mettez-les au moins à portée de les combattre, lorsqu'ils veulent leur enlever le repos,

la liberté, l'honneur ! Conservez aux
Colons le rang et les droits de citoyens
Français, qu'ils n'ont jamais mérité de
perdre. Invitez-les vous-même à prendre
la place qui leur est due parmi vous ; et
vous verrez que leur plus ardente ambition est d'imiter votre zèle, et de
concourir au bonheur de la patrie.